Aus dem Französischen von Alexander Potyka

Mein wärmster Dank geht an Laure Mortiaux,
die vor allem das Mystische Lamm von Jan und Hubert Van
Eyck restauriert hat, für ihren wohlwollenden Rat.

Klimaneutral
Druckprodukt
ClimatePartner.com/17357-2210-1001

FSC
www.fsc.org
MIX
Aus verantwortungs-
vollen Quellen
FSC® C106954

Originaltitel
»Jan, le petit peintre«
Text und Illustration: Jean-Luc Englebert
© 2022 l'école des loisirs, Paris

Copyright der deutschsprachigen Ausgabe
© 2023 Picus Verlag Ges.m.b.H.
Alle Rechte vorbehalten
Druck und Verarbeitung:
Florjančič Tisk d.o.o., Maribor
ISBN 978-3-7117-4032-8

Informationen über das aktuelle Programm
des Picus Verlags und Veranstaltungen unter
www.picus.at

Jan
der kleine Maler

Jean-Luc Englebert

Picus Verlag Wien

Es ist noch früh am Morgen, langsam erwacht die kleine Stadt.
Jan eilt über den Platz.
So wie jeden Morgen kommt er vom Fischmarkt.
Ich darf nicht zu spät kommen, sagt er zu sich, der Meister wartet
sicher schon auf mich.
Wie viele Kinder zu seiner Zeit ist Jan Lehrjunge.
Er lernt das Handwerk der Malerei bei einem weltberühmten
Künstler.

Die Straßen sind voller Menschen.
Jan muss achtgeben, dass er nicht stolpert und seinen Eimer
mit den Fischresten und den Gräten verschüttet.

Endlich erreicht er den Hof des Malerhauses.
Eines Tages werde ich auch ein großer Meistermaler sein!,
überlegt er und geht in das Atelier.

Aus den Fischresten wird Leim für die Holztafeln gemacht,
die der Meister dann bemalt.
Jan bringt dem Tischler den Eimer.

Die Lehrjungen mörsern Farbpigmente und mischen sie mit Leinöl.
Einer bereitet die Pinsel vor und spitzt sie zu.
Jan kann es kaum erwarten, das alles auch bald machen zu dürfen!

Aber Jan ist der Jüngste, darum darf er nichts davon machen.
Er muss Ordnung halten und putzen.

Also beobachtet er den Meister.

Er sieht, wie der Meister mit sicherer Hand die Farben auf die
Holztafel aufträgt.
Dann mischt der Maler Neapelgelb mit Blau, um ein zartes Grün
zu erhalten, mit dem er den Mantel einer Figur verziert.
Jan sieht auch den Lehrjungen bei ihrer Arbeit zu.
Er ist sehr neugierig.

Am Abend, wenn es langsam dunkler wird, geht der
Meister heim und alle räumen das Atelier ordentlich auf.
Jan ist immer der Letzte, der noch da ist.

Diese Zeit hat Jan am liebsten, wenn er die Bilder aus der Nähe
betrachten kann.
Er schaut die Pinselstriche ganz genau an und die durchscheinenden
Farbschichten, die Licht und Schatten auf die Bilder zeichnen.

Jan nimmt ein wenig von den Farbpigmenten, Pinsel und eine Holztafel.
Nur vom Blau kann er nichts nehmen. Das ist so selten und zu kostbar.
Das Ultramarin, die Natronlauge und das Lapislazuli sind weggesperrt.
Er muss ohne sie auskommen.

In seinem Zimmer bereitet Jan alles so vor,
wie er es bei den anderen Lehrjungen gesehen hat.
Er mörsert die Pigmente und vermischt sie mit Leinöl.

Er spitzt die Pinsel zu.

Und stellt die Holztafel auf eine Staffelei.

Dann malt er, dabei macht er die gleichen Bewegungen wie der Meister.
So lernt er es am besten.
Er merkt gar nicht, wie die Zeit vergeht, und arbeitet bis spät
in die Nacht.

Eines Tages kommt Jan vom Markt zurück und trifft im Hof auf die anderen
Lehrjungen. Sie sind ganz aufgeregt und sprechen alle durcheinander.
Was ist denn los?, fragt er sich.
Da keiner auf ihn achtet, geht er einfach in das Atelier hinein.

Ein junges Paar in kostbaren Kleidern spricht mit dem Meister.

»Wir wünschen uns aus Anlass unserer Hochzeit und der baldigen Geburt unseres Kindes ein Porträt der Gräfin und von mir selbst«, erklärt der junge Graf. »Darauf soll das schöne Blau des Kleides meiner Gemahlin besonders zur Geltung kommen!«

»Das ist eine Katastrophe, es ist fast kein Blau mehr da!«,
ruft der Maler, als das gräfliche Paar wieder weg ist.
»Meine Lehrlinge, macht euch auf und sucht im ganzen Land oder noch
weiter weg und bringt mir die schönsten Blaupigmente!
Und zwar schnell!«

»Und du kannst mir inzwischen schon einmal Rottöne anmischen und ein paar Pinsel herrichten!«

»Aber ich ...«, will Jan antworten, doch der Maler hört gar nicht hin.

Jan hat keine Wahl.
Also mörsert er Karmesinpigmente
so fein wie möglich

und mischt sie gründlich mit
dem Öl.

Dann richtet er die Pinsel her und spitzt sie zu.

Als er das alles dem Meister bringt, ist der erstaunt:
»Das ist der feinste Pinsel, den ich jemals benützt habe. Und dieses Rot ...
Was für eine Strahlkraft, was für eine Tiefe! Danach habe ich seit Langem
gesucht! Mein Junge, du musst mir noch mehr Rottöne machen!
Viel mehr!
Zinnober, Purpur, Terrakotta, Ocker und Orange!«

Also mörsert Jan, er mischt

und er füllt Töpfe mit allen
Schattierungen von Rot.

Bald sind keine leeren Töpfe mehr übrig.
Der Junge sucht überall.
»Oje, wo soll ich bloß das Granatrot hineintun?«

In der Werkstatt des Tischlers findet Jan seinen Eimer mit den Fischresten.
Ihhh! Das stinkt nach verfaultem Fisch …
Aber was soll's, ich habe keine Wahl!, sagt er sich und wirft die Fischreste
den streunenden Katzen vor der Werkstatt zu.

Er schüttet die Farbe in den Eimer, ohne sich
Zeit zu nehmen, ihn vorher zu reinigen.

Er fügt das Öl
hinzu, mischt

und alles wird ... BLAU?

Das ist doch nicht möglich!, denkt Jan.
Ich muss etwas falsch gemacht haben ...
Ich geb noch etwas Rot hinein!

Doch dann bekommt er wieder ... Blau!

Jan bekommt Angst.
Was wird der Meister sagen?
Schnell, noch mehr Rot dazu und noch mehr Öl!
Der Junge mischt und mischt, aber immer kommt Blau heraus ...
so viel Blau, dass der Eimer schließlich übergeht.

»Was ist denn hier los?«,
ruft der Meister, der mitten in der blauen Farbe steht.

»Was hast du da gemacht, mein Junge? Zeig mal her!«
Jan bringt den Eimer mit der Farbe, und der Maler taucht
erstaunt seinen Pinsel hinein.

Der Meister trägt die Farbe auf seiner Tafel auf und ruft:
»Wunderbar! Das ist genau das Blau, das ich brauche, um das Kleid
der Gräfin zu malen! Ein Blau, wie man es noch nie gesehen hat!
Was ist das Geheimnis von diesem Blau, Jan?«

»Das Geheimnis, Meister!«,
antwortet Jan schüchtern, »ist
verfaulter Fisch!«